Sven Schulter

AJAX. Die Technik für das Web 2.0

GRIN Verlag

Bibliografische Information der Deutschen Nationalbibliothek:

Die Deutsche Bibliothek verzeichnet diese Publikation in der Deutschen National-
bibliografie; detaillierte bibliografische Daten sind im Internet über http://dnb.d-
nb.de/ abrufbar.

Impressum:

Copyright © 2014 GRIN Verlag GmbH
Druck und Bindung: Books on Demand GmbH, Norderstedt Germany
ISBN: 978-3-656-86455-4

Dieses Buch bei GRIN:

http://www.grin.com/de/e-book/286069/ajax-die-technik-fuer-das-web-2-0

GRIN - Your knowledge has value

Der GRIN Verlag publiziert seit 1998 wissenschaftliche Arbeiten von Studenten, Hochschullehrern und anderen Akademikern als eBook und gedrucktes Buch. Die Verlagswebsite www.grin.com ist die ideale Plattform zur Veröffentlichung von Hausarbeiten, Abschlussarbeiten, wissenschaftlichen Aufsätzen, Dissertationen und Fachbüchern.

Besuchen Sie uns im Internet:

http://www.grin.com/

http://www.facebook.com/grincom

http://www.twitter.com/grin_com

AJAX

Die Technik für das Web 2.0

Hausarbeit

im Fachgebiet Informationsmanagement

vorgelegt von:	Sven Schulter
Studienbereich:	Business Administration & IT

© 2014

Inhaltsverzeichnis

Abkürzungsverzeichnis

AJAX .... Asynchronous JavaScript and XML

DOM .... Document Object Model

HTML .... Hypertext Markup Language

HTTP .... Hypertext Transfer Protocol

PHP .... PHP: Hypertext Preprocessor

SQL .... Structured Query Language

XHTML .... Extensible Hypertext Markup Language

XML .... Extensible Markup Language

Abbildungsverzeichnis

Tabellenverzeichnis

Verzeichnis der Listings

1. Einleitung

Im Laufe der Jahre hat sich das Internet stark verändert. Konnten in den ersten Jahren noch nur Texte und Bilder übertragen werden, sind heutzutage dynamische Webapplikationen möglich, die sich kaum noch von Desktopanwendungen unterscheiden. So nutzen unzählige Menschen täglich Google und dessen Suchhilfe Google Suggest oder den E-Mail Dienst Gmail. Auch Soziale Netzwerke wie Facebook und Twitter sind zur Selbstverständlichkeit geworden. Um eine möglichst komfortable Nutzung der Dienste ohne spürbare Unterbrechungen und Wartezeiten zu gewährleisten, greifen die Hersteller hauptsächlich auf AJAX zurück, weshalb es als die Entwicklung schlechthin für das Web 2.0 bezeichnet werden kann.

Was AJAX ist, wie es funktioniert und was es dabei so besonders macht, soll in dieser Arbeit erklärt werden. Dabei geht es zunächst um die Theorie, die hinter AJAX steht. Hier werden die notwendigen einzelnen Technologien erklärt, die zum Einsatz von AJAX notwendig sind. Schließlich wird auf die Funktionsweise von AJAX und dessen verschiedene Formen eingegangen und an einem kurzen Praxisbeispiel gezeigt, wie diese Technologiesammlung im Detail funktioniert. Zuletzt wird ein Fazit gezogen, in dem Vor- und Nachteile aufgezeigt werden.

2. Theoretische Grundlagen

Obwohl häufig von AJAX als Technologie gesprochen wird, ist es eher eine Sammlung verschiedenster Technologien,[1] die zusammengenommen ein unterbrechungsfreies Erlebnis im Web ermöglichen. Die einzelnen notwendigen Technologien werden im folgenden näher erläutert.

2.1. (X)HTML

Natürlich muss es zunächst eine Website geben, die dem Browser angezeigt werden kann und auf der es Elemente gibt, die mit AJAX bearbeitet werden können. Dazu wird HTML oder XHTML als Standardsprache eingesetzt, die der Browser dem Benutzer anzeigt. Problematisch hierbei ist, dass (X)HTML eine statische Sprache ist, die sich ohne eine weitere Technologie nicht dynamisch zur Laufzeit ändern lässt.[2] Damit AJAX jedoch Elemente einer Website manipulieren kann, ist JavaScript nötig.

2.2. JavaScript

JavaScript ist das wichtigste Element der AJAX-Sammlung, da es ermöglicht, den Inhalt einer HTML-Seite zu ändern, während der Browser diese Seite schon anzeigt. Dies geschieht mit dem DOM, welches Knoten im HTML hinzufügen, verändern oder löschen kann.[3] Der Vorteil dieser Schnittstelle ist, dass sich Inhalt ganz gezielt anhand ihrer ID oder ihres Namens bearbeiten lässt. Dies ermöglicht dem Entwickler eine sehr präzise Manipulation der Website abhängig von Ereignissen wie Klicks oder dem Auswählen eines Elements.

Außerdem ist das JavaScript bei AJAX dafür verantwortlich, dass Daten vom Server nachgeladen werden. Hier stellt JavaScript die Abstraktionsschicht dar, welche die Anfrage an den Server schickt, Daten entgegen nimmt und anhand des DOM in der Website verarbeitet. Verantwortlich für den Datenaustausch ist das XMLHttpRequest-Objekt, mit dem im Hintergrund (also asynchron) Anfragen an den Webserver gestellt werden können.[4] Dabei ist zu beachten, dass Asynchronität nicht zwingend notwendig ist.

---

[1]Vgl. [Garrett 2005]
[2]Vgl. [Darie u. a. 2007, S. 127 f.]
[3]Vgl. [Wenz 2008, S. 349 ff.]
[4]Vgl. [Darie u. a. 2007, S. 53]

2.3. Serverseitige Verarbeitung

Da AJAX davon abhängt, dass der Server eine Antwort auf die Anfrage des JavaScript sendet, ist die serverseitige Verarbeitung der Anfragen der dritte wichtige Baustein im AJAX-Konstrukt. Der Server nimmt den Request entgegen, sucht z. B. anhand von PHP oder einer anderen serverseitig interpretierten Skriptsprache die angeforderten Daten aus einer Datenbank und gibt das Ergebnis in HTML, XML oder einem anderen Format zurück. In der simpelsten Form ist es möglich, dass das JavaScript nur eine Textdatei abfragt, die auf dem Server liegt. Die empfohlene Form ist jedoch das XML-Format, da dieses die höchste Flexibilität in der weiteren Verarbeitung durch JavaScript bietet.[5]

2.4. Geschichte von AJAX

AJAX wurde zum ersten Mal von Jesse J. Garrett im Jahr 2005 öffentlich erwähnt,[6] allerdings gab es den Ansatz schon vorher. So nutzte Microsoft die dazu nötigen Technologien bereits 1998 für das Outlook Web Access. Das dazu notwendige Objekt `XMLHttpRequest` wurde in den Microsoft Exchange Server und den Internet Explorer 5 integriert.[7] Trotzdem kam dieser Ansatz außerhalb von Microsoft nur selten zum Einsatz, bis Google mit Google Suggest, Gmail und weiteren Diensten begann, AJAX weiterzuverfolgen.[8] Mittlerweile gehört AJAX zum Standard im Internet.

---

[5]Vgl. [Darie u. a. 2007, S. 25]
[6]Vgl. [Garrett 2005]
[7]Vgl. [Steyer 2006, S. 33]
[8]Vgl. [Steyer 2006, S. 34]

3. AJAX in der Praxis

Wie schon erwähnt, setzte Microsoft als erstes Unternehmen AJAX bzw. das `XMLHttpRequest`-Objekt ein. Erst Jahre später folgten weitere große Unternehmen. Allen voran ging Google mit Google Suggest und Gmail, doch auch weitere Unternehmen implementierten AJAX in ihre Webdienste. Mittlerweile kommt kaum eine aktuelle Webanwendung ohne AJAX aus.

3.1. Einfaches Praxisbeispiel

Die Funktionsweise in der Praxis soll anhand einer eigenentwickelten Website erklärt werden. Eine Vorschau der entwickelten Website ist unter A.1 auf Seite ii zu finden. Auf der Website gibt eine Auswahl von Namen, die gewählt werden kann. Der HTML-Quelltext ist zu finden unter A.2 auf Seite iii. Der Inhalt der CSS-Datei wurde weggelassen, da er keine Relevanz für die Funktion der Website hat. Wie zu erkennen ist, hat das `select`-Tag der Auswahlliste das Attribut `onchange`, mit dem die Funktion `showDetails` aufgerufen und der Parameter `this.value` übergeben wird, welcher den aktuell ausgewählten Nachnamen der Auswahlliste bezeichnet. Die aufgerufene Funktion ist im `script`-Bereich der Website im `head` des HTML-Dokuments beschrieben.

Diese Funktion prüft nun anhand des übergebenen Wertes, ob tatsächlich ein Name ausgewählt wurde. Falls dies der Fall ist, speichert sie den HTML-Absatz mit der ID `details` in der Variable `paragraph` und erstellt ein `XMLHttpRequest`-Objekt. Dieses Objekt wird mit `xmlhttp.open`-`("GET","getdetails.php?q="+name,true);` konfiguriert und mit `xmlhttp.send();` an den Webserver gesendet. Die Anfrage richtet sich demnach an die `getdetails.php`-Datei mit einer GET-Variable q, welche den Nachnamen enthält.

Da die angefragte Datei ein PHP-Skript ist, verarbeitet der Webserver zunächst das Skript, bevor es zur Ausgabe kommt. Der Quelltext des PHP-Skriptes ist zu finden unter A.3 auf der Seite v. Hier ist zu erkennen, dass das Skript zunächst prüft, ob die GET-Variable q übergeben wurde. Ist das der Fall, stellt PHP eine Verbindung mit einem MySQL-Server her und fragt den Server nach dem Nachnamen ab. Die dabei genutzte Datenbank ist unter A.4 auf Seite vii abgebildet. Vor der SQL-Abfrage kommt es noch zur Prüfung und möglichen Veränderung des Namens um einen Angriff durch SQL-Injection zu verhindern. Das Ergebnis der Abfrage wird dann in einer HTML-Tabelle zusammengefügt und per `echo $html` ausgegeben.

Diese Ausgabe erhält das JavaScript der Website als Antwort zurück. Hier überwacht der Event-Handler `onreadystatechange` das `XMLHttpRequest`-Objekt. Der Einfachheit halber wird hier nur auf den Status 4 eingegangen, welcher besagt, dass die Anfrage abgeschlossen ist und der Server eine Antwort geliefert hat. Ist dieser Fall eingetroffen, und der HTTP-Status lautet 200 (entspricht der erfolgreichen Verarbeitung der Anfrage), wird die Antwort des Webservers in das Element `paragraph` geschrieben.

Auf diese Weise wird das `paragraph`-Element immer mit der zurückgelieferten Tabelle oder dem Satz „Es wurde keine Person ausgewählt." gefüllt. Zu beachten ist, dass in diesem Beispiel viele mögliche Fehlerquellen aus Gründen der Einfachheit nicht abgefangen wurden. So kann es z. B. zu einem Fehler beim Verbinden mit dem SQL-Server kommen, sodass statt einer Tabelle eine Reihe an Fehlermeldungen zurückgeliefert und angezeigt werden.

3.2. Vorteile und Herausforderungen von AJAX

AJAX hat dank seiner Vielseitigkeit mittlerweile eine sehr hohe Verbreitung erreicht. Dennoch ist es nicht immer ratsam oder notwendig, AJAX einzusetzen. Einer der wichtigsten Aspekte, die es beim Einsatz von AJAX zu beachten gilt, ist die fehlende Unterstützung des Zurück-Buttons im Browser. Da die angezeigte Seite die gleiche bleibt, funktioniert dieser Button nicht, was möglicherweise zu Problemen beider Benutzerfreundlichkeit führen kann. Auch kann es vorkommen, dass ein Nutzer JavaScript in seinem Browser deaktiviert hat und die Ausführung des AJAX-Skripts nicht möglich ist. Für diesen Fall sollte immer zumindest eine Nachricht für den Nutzer hinterlassen werden, die auf mögliche Einschränkungen bei der Nutzung hinweist.[9]

Seine Vorteile zeigt AJAX vor allem bei dem Gefühl der unterbrechungsfreien Nutzung wie der Nutzer sie von Desktopanwendungen kennt. Durch das nachträgliche Laden von Inhalten ist es möglich, dem Nutzer Suchvorschläge zu unterbreiten, Formulare zu validieren oder Bilder und andere Multimedia-Elemente auf Wunsch einzubinden. Der Nutzer bekommt eine hochinteraktive Webapplikation geliefert, die im Optimalfall von Desktopanwendungen nicht mehr zu unterscheiden ist. So wird AJAX zu einem der mächtigsten Tools im Web 2.0.

---

[9]Vgl. [Darie u. a. 2007, S. 26]

4. Fazit

Abschließend lässt sich sagen, dass AJAX das Web stark geprägt hat. Dank der Möglichkeit, nahezu beliebige Daten auf einer Website bei Bedarf im Hintergrund nachzuladen, bieten sich Entwicklern und Nutzern völlig neue Arten, das Internet zu nutzen. Die Grenze zwischen Desktopanwendung und Webapplikation verschwimmt und Unternehmen können den Nutzern eine fast nahtlose Bedienung der Website bieten. Nichtsdestotrotz gibt es noch einige Herausforderungen, die die Webentwickler in der Zukunft zu lösen haben, bevor AJAX bedenkenlos eingesetzt werden kann.

Literaturverzeichnis

Darie u. a. 2007

> DARIE, Cristian ; BRINZAREA, Bogdan ; CHERECHES-TOSA, Filip ; BUCICA, Mihai: *AJAX und PHP: Interaktive Webanwendungen für das Web 2.0 erstellen.* München : Carl Hanser Verlag, 2007 2, 4, 5, 9

Garrett 2005

> GARRETT, Jesse J.: *Ajax: A New Approach to Web Applications.* http://www. adaptivepath.com/ideas/ajax-new-approach-web-applications/. Version: Februar 2005. – Abgerufen: 02.03.2014 1, 6

Steyer 2006

> STEYER, Ralph: *AJAX und PHP: Beschleunigte Webapplikationen für das Web 2.0.* München : Addison-Wesley Verlag, 2006 7, 8

Wenz 2008

> WENZ, Christian: *JavaScript und Ajax: Das umfassende Handbuch.* 8. Bonn : Galileo Press, 2008 3

A. Anhang

A.1. Vorschau des Praxisbeispiels

Die folgende Abbildung zeigt einen Screenshot der Website des Praxisbeispiels.

Ajax Demo

Wählen Sie für Details einen der Namen aus:

Personendetails

ID	7
Vorname	Sven
Nachname	Schulter
Status	Student
E-Mail Adresse	IIIⵞⵞⵞⵞⵞⵞⵞⵞⵞⵞⵞⵞⵞ

Abbildung A.1.: Vorschau des Praxisbeispiels

A.2. HTML des Praxisbeispiels

Listing A.1: HTML des Praxisbeispiels

```html
1  <!DOCTYPE html>
2  <html>
3    <head>
4      <meta charset="utf-8" />
5      <link rel="stylesheet" type="text/css" href="main.css"></style>
6      <title>Ajax Demo</title>
7
8      <script type="text/javascript">
9        function showDetails( name )
10       {
11         var paragraph = document.getElementById( "details" );
12         if ( name == "" )
13         {
14           paragraph.innerHTML = "Es wurde keine Person ausgewählt.";
15         }
16         else
17         {
18           var xmlhttp = new XMLHttpRequest();
19
20           xmlhttp.onreadystatechange = function()
21           {
22             if ( xmlhttp.readyState == 4 && xmlhttp.status == 200 )
23             {
24               paragraph.innerHTML = xmlhttp.responseText;
25             }
26           }
27           xmlhttp.open( "GET" , "getdetails.php?q=" + name , true );
28           xmlhttp.send();
29         }
30       }
31     </script>
32   </head>
33   <body>
34     <div id="wrapper">
35       <h1>Ajax Demo</h1>
36       <p>
37         Wählen Sie für Details einen der Namen aus:
38       </p>
39       <form action="">
40         <select name="fhwt" onchange="showDetails(this.value)">
41           <option value="">Wähle eine Person aus:</option>
42           <option value="Bölke">Ludger Bölke</option>
43           <option value="Macke">Stefan Macke</option>
44           <option value="Lübberding">Christian Lübberding</option>
45           <option value="Timphaus">Lukas Timphaus</option>
46           <option value="Schmiesing">Hendrik Schmiesing</option>
47           <option value="Gieseking">Stefan Gieseking</option>
48           <option value="Lübker">Michael Lübker</option>
49           <option value="Schulter">Sven Schulter</option>
50           <option value="Theis">Sascha Theis</option>
51         </select>
52       </form>
53       <div>
54         <h2>Personendetails</h2>
```

```
55        <p id="details">Es wurde keine Person ausgewählt.</p>
56      </div>
57    </div>
58  </body>
59 </html>
```

A.3. PHP-Code des Praxisbeispiels

Listing A.2: PHP-Code des Praxisbeispiels

```php
<?php
if ( isset( $_GET[ 'q' ] ) )
{
    $name = $_GET[ 'q' ];

    $id = '';
    $vorname = '';
    $nachname = '';
    $status = '';
    $mail = '';

    $mysqli = new mysqli( 'localhost' , 'root' , '' , 'ajax' );
    $mysqli->set_charset( "utf8" );

    $name = $mysqli->real_escape_string( $name );
    $result = $mysqli->query( "SELECT ID,Vorname,Nachname,Status,Mail FROM fhwt WHERE Nachname='$name'" );

    while ( $row = $result->fetch_row() )
    {
        $id = $row[0];
        $vorname = $row[1];
        $nachname = $row[2];
        $status = $row[3];
        $mail = $row[4];
    }
    $result->close();

    $mysqli->close();

    $html = "<table>
                <tbody>
                    <tr>
                        <td class=\"headline\">ID</td>
                        <td>$id</td>
                    </tr>
                    <tr>
                        <td class=\"headline\">Vorname</td>
                        <td>$vorname</td>
                    </tr>
                    <tr>
                        <td class=\"headline\">Nachname</td>
                        <td>$nachname</td>
                    </tr>
                    <tr>
                        <td class=\"headline\">Status</td>
                        <td>$status</td>
                    </tr>
                    <tr>
                        <td class=\"headline\">E-Mail Adresse</td>
                        <td><a href=\"mailto:$mail\">$mail</a></td>
                    </tr>
                </tbody>
            </table>";
    echo $html;
```

```
55 }
56 else
57 {
58   echo 'Unzulässiger Aufruf!';
59 }
60 ?>
```

www.ingramcontent.com/pod-product-compliance
Lightning Source LLC
LaVergne TN
LVHW042318060326
832902LV00010B/1579